AF243339

LE GÉNÉRAL

Cte AUGUSTE DE LA ROCHEJAQUELEIN.

NANTES

IMPRIMERIE M. BOURGEOIS, RUE SAINT-CLÉMENT, 115.

1869

LE GÉNÉRAL

Cte AUGUSTE DE LA ROCHEJAQUELEIN.

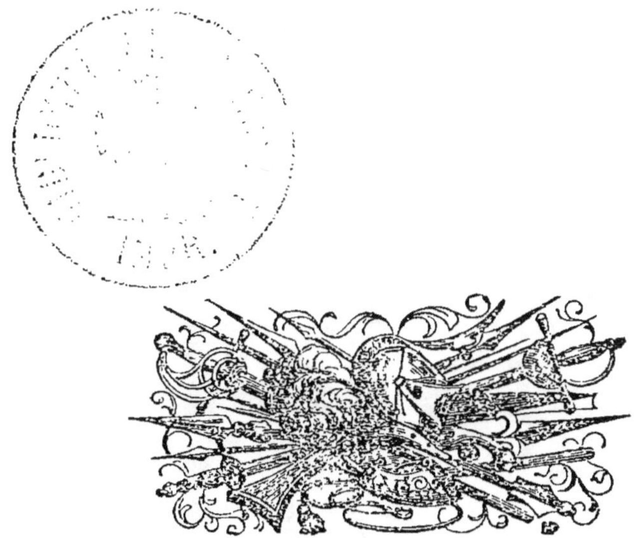

NANTES

IMPRIMERIE M. BOURGEOIS, RUE SAINT-CLÉMENT, 115.

—

1869

LE GÉNÉRAL

Cte AUGUSTE DE LA ROCHEJAQUELEIN

En 1794, Henri, l'aîné des La Rochejaquelein, mourait pour la France qu'il voulait arracher à l'anarchie.

Le 4 juin 1815, Louis, le second des trois frères, mourait pour son Roi.

En 1868, le 21 novembre, Auguste, le dernier de ces trois héros chrétiens, après avoir, comme ses aînés, combattu pour son Dieu et son Roi, mourait comme eux, fidèle à son Roi et à son Dieu.

Bientôt tous trois vont reposer dans le même tombeau, au pied du même autel, et la même croix dira à tous : Ici reposent trois vaillants chevaliers, morts comme Bayard, sans peur et sans reproche ; tous trois ont arrosé de leur sang les champs vendéens ; tous trois ont conduit au combat et à la victoire les vaillants fils de la Vendée, ce pays des preux et des géants ; la même terre qui, tous trois, les avait vu naître et sur laquelle si souvent ils se sont agenouillés pour prier, les recouvre ; tous trois reposent dans ce cimetière de Saint-Aubin de Baubigné, où dorment à côté d'eux leurs fils, leurs neveux, leurs sœurs et celle qui porta leur nom après avoir été la femme de Lescure, l'illustre général de l'armée royale vendéenne, mort aussi en combattant pour son Roi. Près d'eux se pressent dans leurs tombes ces bons paysans du Bocage, attendant, avec autant d'impatience que jadis, l'heure des combats, le jour de la dernière victoire, celle qui leur ouvrira le ciel, afin d'y entrer tous ensemble pour chanter d'une même voix un mélodieux *alleluia* en action de grâces au Dieu protecteur de la France.

Enfant glorieux de la Vendée, bon et loyal général comte Auguste de la Rochejaquelein, que dans plus de cinquante années de ma vie je connus et aimai, permettez à un fils comme vous de la Vendée, s'il ne lui est pas permis au jour où votre corps sera déposé à Saint-Aubin, d'y jeter avec une prière un peu de la terre bénite de notre bon pays, de vous adresser avec un dernier souvenir un dernier adieu...

Ce jour-là, une voix plus autorisée que la mienne et plus éloquente, dira à nos compatriotes quelles ont été vos gloires en ce monde, et quelle est celle qui vous attend au ciel; laissez-moi leur dire combien d'années je vous ai aimé et combien vous m'avez honoré de votre amitié... ce sera presque dire toute votre vie...

J'étais bien jeune lorsque je vous connus, c'était en 1814, à Paris, lors de l'arrivée de la bien-aimée et vertueuse fille de Louis XVI et de l'auguste reine

Marie-Antoinette ; votre bonne sœur, la marquise de la Rochejaquelein, était avec vous : nous revenions avec ma mère, votre parente, de Sèvres, où étaient en garnison les deux escadrons des grenadiers de la maison du Roi, que commandait votre frère le marquis Louis de la Rochejaquelein, escadron dans lequel vous serviez vous-même comme lieutenant, avec le grade de maréchal de camp, et dans lequel était sous-lieutenant, avec le grade de colonel, mon beau-père, le vicomte de Pina, le seul officier du même camp des grenadiers à cheval, en émigration, qui restât de ceux qui avaient combattu à Wissembourg, où l'escadron avait été décimé.

C'était un beau corps que celui que commandait, à Sèvres alors, le marquis de la Rochejaquelein, car c'était en réalité une vraie compagnie de gardes-du-corps du Roi, bien qu'il n'en portât pas le nom... Comme les gardes-du-corps, il accompagnait le Roi et marchait près de sa voiture...

Louis XVIII, tout en récompensant le marquis Louis de la Rochejaquelein de ses services et de ceux de son frère Henri, l'illustre généralissime de l'armée vendéenne, mort à 22 ans en la commandant, avait prouvé combien il s'associait à toutes les gloires de la France et combien il était disposé à récompenser tous les services qu'on avait pu lui rendre, en composant ce corps de sous-officiers de cavalerie de la grande armée, les mieux notés.

Le marquis de la Rochejaquelein avait beaucoup contribué de son côté à ce choix de vieux soldats de l'Empire pour en faire des gardes du Roi... et, un tel choix, c'était tout à la fois un acte glorieux pour le vieux Roi qui revenait d'émigration et pour l'officier-général vendéen appelé par lui à les commander...

Ils devaient tous y répondre dignement.

De même on peut dire que c'était le plus beau corps de l'armée par la haute taille et la belle tenue de ses brillants sous-officiers, de même on peut dire qu'il se composait d'un choix des plus braves... leurs nobles cicatrices le prouvaient; plusieurs, comme le général Auguste, étaient des balafrés de nos grandes guerres... tous le prouvèrent aussi lors du départ de Louis XVIII des Tuileries, au mois de mars 1815, car tous l'accompagnèrent sans exception aucune, et — si le duc de Berry ne s'y fût opposé — tous auraient chargé les premiers escadrons, à la poursuite du Roi, qui se présentèrent...

Lorsque le Roi fut arrivé à Gand, le comte Auguste et le marquis Louis de la Rochejaquelein le quittèrent pour se rendre en Vendée, afin — fidèle à la vieille devise vendéenne : « *Tout pour la France et par la France* », — d'essayer à la tête d'une armée nombreuse et pleine d'enthousiasme et d'ardeur, de remettre, par la France et ses fils, les Bourbons sur le trône.

Je me rappelle le noble élan de tous alors; de Bordeaux à Brest, comme de tous les points de la France, un grand nombre de volontaires se présentent — bien jeune je fus du nombre... — beaucoup d'officiers de l'armée en firent autant; un soulèvement général se fit en un clin-d'œil en Vendée : plusieurs vieux chevaliers de Saint-Louis se présentèrent comme simples soldats ; des poudres furent débarquées avec des fusils, un corps de cavaliers fut organisé, divers combats sanglants furent livrés... ; on s'attendait à une guerre sérieuse et heureuse, tout en déplorant d'en être réduit à de telles extrémités, lorsque le général marquis Louis de la Rochejaquelein fut tué aux Mathes, près Saint-Gilles, et le général de Susannet, à la bataille de Roche-Servière...

Le retour des Bourbons en France mit fin à la guerre.

Le comte Auguste avait combattu constamment près de son frère et partagé sa gloire en se montrant digne de lui, en particulier au pont de Vrine, qu'il enleva en quelques secondes à la tête d'une colonne vendéenne et malgré le feu le plus vif d'une division de plusieurs milliers de soldats, placés sur des hauteurs, qui le défendaient...

Louis XVIII, en remontant sur le trône, réorganisa l'armée française d'après un plan tout nouveau.

Le corps des grenadiers à cheval de la maison du Roi, et toutes les compagnies, dites compagnies rouges, les mousquetaires, les chevau-légers, les gendarmes du Roi, furent supprimés ainsi que plusieurs autres corps de la maison du Roi.

La garde royale fut créée... Le comte Auguste de la Rochejaquelein fut nommé colonel du 1er régiment des grenadiers à cheval de cette garde, dans lequel entrèrent, comme officiers et sous-officiers, presque tous les anciens grenadiers du corps que commandait son frère... — Tous les colonels de la garde royale étaient généraux de droit, et ils en portaient les insignes. — Le général de la Rochejaquelein conserva donc ses épaulettes de général tout en commandant comme colonel ce beau régiment, dans lequel tous ses officiers et soldats l'aimaient et lui étaient dévoués comme à un père.

En 1823, à la campagne d'Espagne, il quitta par l'ordre du Roi le commandement de ce régiment, pour commander une brigade de l'armée, et il fut fait général d'une brigade dans la garde royale.

Attaché en Espagne à l'armée de Catalogne, il prit part à tous les combats de ce corps d'armée.

En 1830, lors de la révolution de Juillet, après avoir accompagné le Roi jusqu'à Cherbourg, il se retira en Vendée. En 1832, il prit une part active au débarquement de Madame la duchesse de Berry en France, s'associa à sa fortune, souleva la Vendée et la Bretagne, puis, lorsque la duchesse de Berry fut forcée d'abandonner les champs de bataille vendéens, où elle avait si vaillamment combattu, et obligée de se retirer à Nantes, le comte de la Rochejaquelein, n'écoutant que son zèle et son dévouement, s'embarqua avec le baron de Fériet, ancien officier de la garde royale et l'un des plus distingués, sur un petit bâtiment, voilier de premier ordre, pour se tenir sur les côtes de Bretagne à la disposition de MADAME, et protéger son départ de France au besoin ; mais, Madame la duchesse de Berry ne voulut jamais y consentir et, avec une énergie peu commune, elle exprima la ferme volonté de rester en France tant qu'il lui resterait le moindre espoir d'accomplir la grande tâche qu'elle avait entreprise.

La guerre s'étant déclarée en Portugal, don Miguel fit, comme roi légitime, appel aux officiers légitimistes français, et en particulier au général de la Rochejaquelein... Celui-ci et son compagnon d'armes, le baron de Fériet, s'y rendirent ; son neveu Louis les accompagnait ; beaucoup d'officiers vendéens, et en particulier le brave et loyal colonel du Chillou, qui devait y trouver la mort, les y suivirent... Le général de Bourmont commandait en chef l'armée.

Le général de la Rochejaquelein, comme général de division, combattit vaillamment à l'assaut d'Oporto, ayant sous ses ordres le baron de Fériet, qui commandait le régiment de chaves, à la tête duquel il fut grièvement blessé, après être trois fois entré dans les travaux avancés de l'ennemi. Le général de la Rochejaquelein fut blessé aussi, mais légèrement ; son neveu Louis fut tué en cette guerre, comme il faisait une reconnaissance à la tête de l'escadron qu'il commandait...

En revenant en France, le bon général ne put que rapporter son corps à sa mère... La veuve de Lescure et de Louis, le héros des Mathes, habituée à la douleur et à la gloire des siens, déposa, avec une larme et une prière, une couronne sur la tombe du fils chéri qui, comme son père, était tombé en combattant pour la cause royale... Toutes les monarchies légitimes sont sœurs...

Ainsi finirent les combats du comte Auguste de la Rochejaquelein, aussi vaillant soldat que prudent général, chevalier accompli, à qui un auguste exilé, le fils des Rois de France et Roi lui-même, a pu écrire sans que ce fût une flatterie : « Si je devais » être fait chevalier, je voudrais être reçu par vous... » François Ier a bien été armé chevalier par Bayard; » pourquoi ne seriez-vous pas Bayard? » Oui, il était digne d'être Bayard, celui que nos bons paysans vendéens surnommaient aussi *le Balafré*, à raison de la glorieuse cicatrice qui sillonnait son visage et prouvait qu'aux champs de la Russie, comme officier de la grande armée, il combattit avec la vaillance qui le caractérisa toujours, le visage tourné vers l'ennemi, pour la gloire de la France.

La campagne de Portugal finie, le général de la Rochejaquelein revint en France rejoindre la comtesse de la Rochejaquelein, cette noble fille de la maison de Duras, la veuve de la Trémouille, prince de Talmont, une autre héroïne comme la veuve de Lescure, qui, comme elle, devait aussi illustrer le nom de la Rochejaquelein.

Comme le général son mari, elle devait être, elle aussi, un des glorieux lieutenants de Madame la duchesse de Berry en Vendée, comme elle diriger les colonnes vendéennes et livrer bataille... Qui a oublié le combat de la Gaubretière, où les braves paysans, réunis par ses ordres, mirent en déroute une colonne trois fois plus nombreuse venue pour les attaquer ?

Cette fois, le comte Auguste de la Rochejaquelein revint à l'ancienne demeure de ses pères pour ne la plus quitter et y vivre en chrétien, de la vie des saints.

Si le général Auguste de la Rochejaquelein était un vaillant homme de guerre, il était, en effet, aussi un fervent chrétien et, à ce point de vue-là encore, un autre Bayard. Chaque jour il entendait la messe, souvent il s'approchait de la sainte Table, et cela, avec la simplicité douce et affable qui était chez lui comme le caractère particulier de sa physionomie.

Cet homme de guerre si déterminé, ce général de la garde royale, ce combattant de tant de champs de bataille, ce balafré, vous l'auriez pris, malgré sa haute taille et son air cependant martial, pour le plus doux et le plus simple des hommes.

Sa modestie égalait sa valeur ; sa bonté, sa bravoure chevaleresque : son affabilité seule les surpassait.

Comme on était bien, près de lui ! Sa conversation était une douce et bonne causerie, franche, loyale, naïve, sensée autant que forte, bien que toujours à la portée de tous ceux avec qui il causait.

Aux chasses de Chambord, il était le président ; mais il trouvait moyen de s'effacer toujours. Oubliant ses années, qu'il portait d'ailleurs avec une rare aisance qui les faisait constamment oublier, il semblait être de l'âge de tout le monde, comme il était l'ami de tout le monde... il était même beaucoup plus jeune que beaucoup de bien plus jeunes que lui. Lorsqu'il s'agissait de forcer un cerf, malgré ses quatre-vingts ans et plus, aucun obstacle ne l'arrêtait, aucun ne l'effrayait, et presque toujours il était à la tête des chasseurs... Comme tous l'entouraient alors avec affection et bonheur ! De toutes les parties de la France on se rendait à ces belles chasses de Chambord, pour s'y trouver avec ce bon général.

Quels bons moments on passait là ! C'était la vie des bons vieux temps... et comme une halte dans une oasis du désert, au milieu des tourbillons de sable et d'éclairs étincelants qui vous entourent.

Après les chasses à courre venaient les chasses à pied. A ces chasses, le général de la Rochejaquelein aurait encore lassé un jeune homme... Les paysans de son ancienne terre de Landebaudière le racontent souvent... Comme ils vont le pleurer !... Comme vont le pleurer ceux de ses terres de la Durbelière et d'Usé !... Quel deuil aujourd'hui à Saint-Aubin et dans tout le Poitou !...

Ce n'est pas seulement parce qu'il était bon, brave, charitable, le comte Auguste de la Rochejaquelein, c'est que c'était le vrai type du vieux gentilhomme poitevin.

Ce bon général, il n'aura eu sans doute qu'un regret en quittant cette vie, c'est de n'avoir pas vu le Roi de son choix et de son cœur, le Roi de ses pères sur le trône de France...

Ce regret, bien d'autres le partagent avec lui...

Je l'entends encore, un jour qu'il m'avait fait

l'honneur de m'inviter à déjeuner, me, dire, ainsi qu'au comte de Clermont-Saint-Jean — c'était au temps du gouvernement de Juillet : « Je ne suis pas un homme politique ; jamais d'ailleurs je ne consentirais à prêter serment à Louis-Philippe ; mais, s'il s'agissait de l'attaquer le sabre au poing, je suis prêt... »

Une autre fois, en parlant de Louis XVII qu'il avait la conviction de n'être pas mort au Temple, — il le dit même à Madame la duchesse d'Angoulême, qui croyait, elle, bien plus à cette triste fin de son frère — il s'exprimait ainsi : « Si je savais où est » Louis XVII, je quitterais tout et j'équiperais un » vaisseau pour aller le chercher... »

Voilà des serviteurs comme les rois sont heureux d'en avoir !

Mais, ces serviteurs-là, s'ils sont capables de servir les rois, c'est parce que les rois sont pour eux les pères du peuple, et c'est aussi à condition qu'ils le soient ; car, de telles natures aiment autant les peuples que les rois... Elles sont dévouées aux peuples comme aux rois jusqu'à la mort.

Il n'y avait pas non plus de paysans, et des plus pauvres, dont le bon général ne plaidât la cause auprès du roi, *lorsqu'il y avait des rois de France en France.*

Pas d'anciens combattants vendéens dont il ne fît valoir les services.

De même qu'il n'y avait pas de malheureux qu'il ne secourût et pour lesquels il ne fît, encore en ce temps-ci, un généreux appel au plus généreux des princes.

Homme de guerre, homme de bien, homme d'honneur, et, au-dessus de tout, homme de devoir; — devoir envers lui-même, devoir envers les hommes, devoir envers sa patrie, devoir envers son Roi, devoir envers son Dieu : — tel a été le général Auguste de la Rochejaquelein... Il n'a pas cherché la renommée, et cependant la renommée est venue le trouver, et, en bien des pays divers, elle a élevé son nom au-dessus de ceux de personnages qui n'ont eu pour but de toutes leurs actions que la renommée.

Quelle différence entre une gloire comme la sienne et celle des hommes qui n'ont eu d'autres pensées que d'obtenir des dignités, sans s'inquiéter ni à qui ils les demandent, ni qui les leur confère, ni à quel titre ils les reçoivent; insensés ou crédules, ambitieux ou félons, comme si c'était là la grandeur et, qu'au milieu même des sociétés corrompues on s'y trompât et l'on confondît une courtisane effrontée, couverte de diamants étincelants, mais faux, avec la grandeur, l'héroïsme, la vertu :

Vertu vraie et véritable grandeur;

Vertus de la terre et grandeurs du ciel;

Vous avez, bon général, tout trouvé en accomplissant le devoir; aussi, en vous adressant un dernier adieu, je le fais comme on le fait à un ami qui part pour un heureux voyage et une meilleure vie... Vos belles actions, vos bonnes œuvres et votre gloire sont des plus pures... celles que Dieu aime et bénit...

De même qu'elles vous survivent ici-bas et qu'elles nous restent comme un bon et bel exemple, de même je sais qu'elles vous ont précédé au ciel, où Dieu reçoit toujours avec bonheur comme des héros chrétiens les hommes qui ont vécu et sont morts comme vous... Qu'il en soit béni le Dieu de nos pères, le Dieu au nom duquel vous avez si bien combattu des combats des preux et des combats des saints ; vivez maintenant, vivez de la vie des princes du ciel, à la mode des Machabées ; digne fils de la Vendée, vivez avec vos glorieux frères, vos proches, vos amis, vos compagnons d'armes, vivez avec Lescure, d'Elbée, Sapinaud, Charette, de Beauchamp, et cette multitude de tout âge, de toute condition et de tout rang : paysans, soldats, officiers, généraux des armées royales vendéennes, qui sont morts pour leur Roi et leur Dieu et dont j'entends les chants d'allégresse à votre arrivée au milieu d'eux... Quelle belle fête au ciel ! que de cantiques et que d'hymnes à la gloire de Dieu ! Vivez, vivez, bon général, de la vie des Bienheureux...

Cte **BOUHIER DE L'ÉCLUSE,**

ancien Député de la Vendée.

Nantes, imprimerie M. Bourgeois.

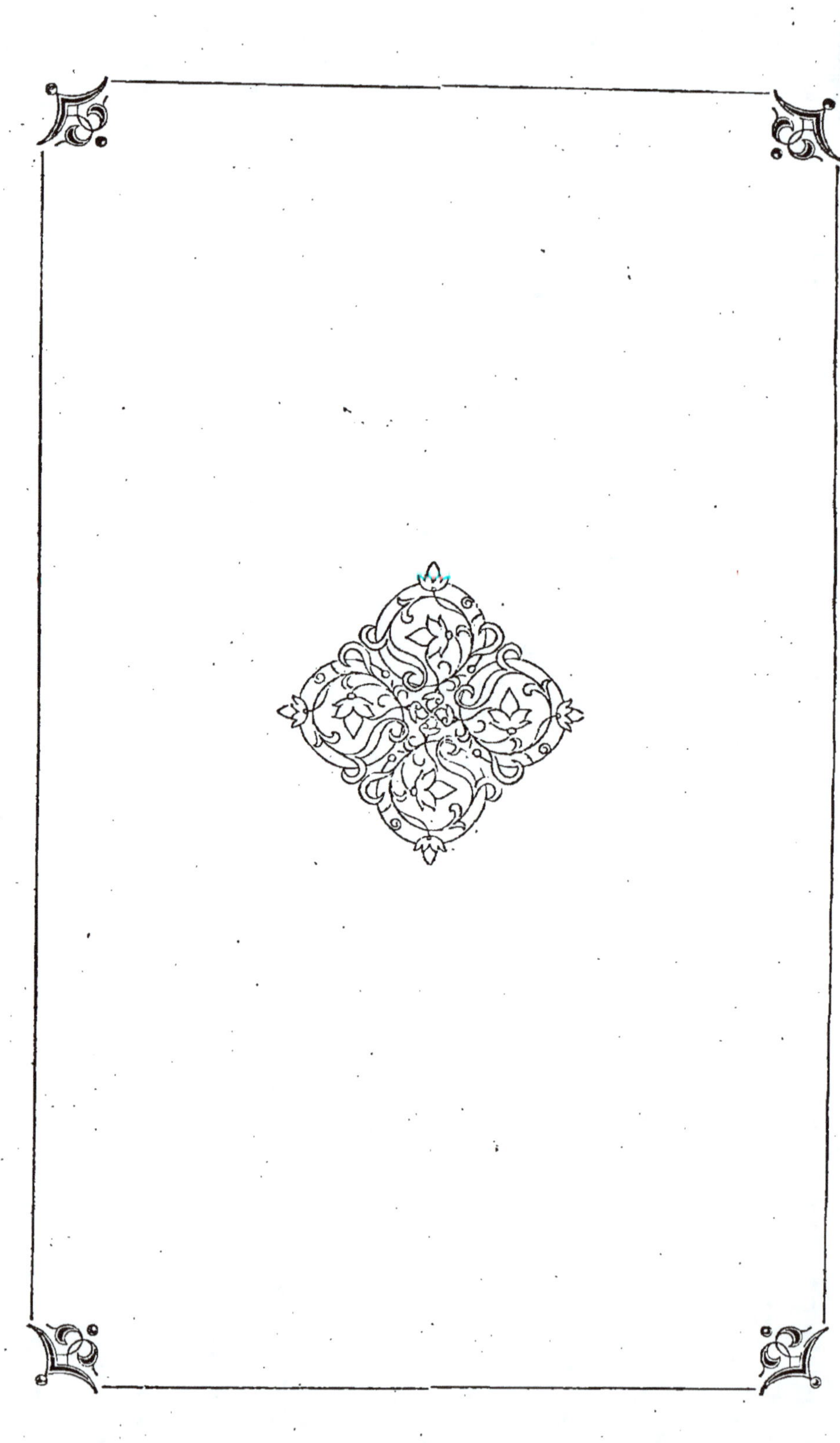